RUM & ÄHRE

Andreas Andrej Peters

RUM & ÄHRE

Gedichte
2014-2016

chiliverlag

Lyrik im chiliverlag (Auswahl):
Glasaugenstern, 101 Gedichte von Alex Dreppec
Fassadenflucht, Politische Dichtung der Gegenwart II
Herzschlaf, Gedichte und Kurzprosa über Trauer, Trost und Hoffnung
Stimmwirbel – Gedichte, Michel Ackermann
Abschreibungen, Lyrisches und Satirisches von Stefan Krückmann
wir wölfe – Gedichte, Eine poetische Hommage an unsere Tierwelt
Pappalappa Mirzapan, Gedichte für besondere Kinder
Tanze mit Raketenschuhen – Dance with Rocket Shoes, Wissenschaftsgedichte – Science Slam Poetry, Alex Dreppec
die aus der kälte kommen – Porträtgedichte, Jutta Pillat
Klagelied winterzu – Gedichte, Fritz Deppert
Im Traum der dich nicht schlafen lässt, Thomas Rackwitz
Saisonlyrik, Jürgen Zimmermann
federleicht – feather-light, 111 Haiku und Senryu, Pitt Büerken
Am Meeressaum, Jutta Gornik

1. Auflage Oktober 2018

Autorenfoto S. 114: Andreas Andrej Peters, privat

Detaillierte bibliographische Daten sind unter http://dnb.ddb.de bei der Deutschen Nationalbibliographie abrufbar.

Printed in Germany
ISBN 978-3-943292-69-5

www.chiliverlag.de

Für Wendelin Mangold &
Elena Seifert

Als Jesus den Taumelkelch schmeckte,
sagte er: Es ist vollbracht!
Lukas 19,30

Tenne & Kelter werden ihnen die Freundschaft
entziehen, & der Most wird sie verleugnen.
Hosea 9,2

Ehre, wem Ehre gebührt.
Römer 13,7

Ähre, windgerüttelt, doch fest am Halm,
Der dich durch Nebel und Sonne trägt
Hoch in die Reife,
Nicht senge dich Frost des Krieges.
Peter Huchel

Die Ährenaugen strahlen übermächtig.
Christine Lavant

ACHTUNG! EIN VORWORT

Achtung! Seien Sie bloß vorsichtig, hier ist es gefährlich! Lesen Sie diese Gedichte auf keinen Fall – wenn Sie lieber beim Vertrauten bleiben, wenn keiner Ihre wohlgefügten Kreise stören soll, wenn Sie sich nicht herausfordern lassen möchten. Denn der da schreibt, der ist frech ... und fromm.

Da ist das Beeindruckende an den Gedichten von Andreas Andrej Peters: Sie gehen virtuos mit der christlichen Tradition und dem biblischen Wort um, sie treten unverstellt in Beziehung und stellen in Frage („Ich trete ihm auf die Füße"), sie verlangen von Wort und Tradition, dass sie sich als heute gültig erweisen („DIE BIBEL // querlesen mit einem / balken vorm / gesicht") und neu zu uns Heutigen sprechen. Fromm aber, im Sinne der tieftiefen Frömmigkeit etwa eines Gerhard Tersteegen („Gott ist gegenwärtig ... / Gott ist in der Mitte ... / Ich in dir, / du in mir ..."), wie ein Mystiker – da mag die russisch-orthodoxe Tradition, die hier und da anklingt, wirksam sein – setzt Andreas Andrej Peters zugleich, dass Gottes Wort wirkt und geheimnisvoll waltet.

Es ist faszinierend zu lesen (Empfehlung: Lesen Sie sich die Gedichte vor!) und zu hören, wie diese poetischen Texte in Bewegung sind, wie sie tanzen und spielen – zwischen Frage und Antwort, zwischen Zweifel und Zustimmung, Klage und Trost.

Etwa in diesen Zeilen:

TRÖSTER

Und gott wird abwischen alle
tränen von ihren augen & den

saharasand wegpusten von ihrem augapfel.
tränen im himmel trocknen,
tränen gleich linsen im etui
versteckt. tränen im
himmel geweint, so was möglich?
tränen der freude & der entzückung
wird er abwischen für die kommenden
freuden an den quellen des lebendigen
wassers, wird er aufhängen zum trocknen zwischen
den
zedern vom libanon & der russischen birke.

Es werden biblische Zitate verquickt mit Anspielungen an konkrete Notsituationen – „saharasand" erinnert mich an den Weg Flüchtender durch die Wüste –, dabei schillert das Tränenmotiv: Tränen der Trauer, der Klage stehen neben den „tränen der freude". Die Zeilen „im / himmel geweint, so was möglich?" binden Menschen- und Gottestränen zusammen, doppelt erstaunt: Ein Gott, der weint? Und: So viel „kommende(n) / freuden" soll es geben?

Achtung! Was Andreas Andrej Peters in seinen Gedichten vollzieht, ist nicht weniger als eine Zumutung. Leser und Leserinnen, die das biblische Wort (am besten in der poetischen Sprache Martin Luthers) lieb gewonnen haben, werden womöglich ihre Mühe haben. Mühe, die sich allemal lohnt. Denn mit der sprachlichen Aktualisierung des Wortes, die Andreas Andrej Peters vollzieht, indem er das Wort ins Alltägliche, ins „Weltliche" hineinzieht, erhält es neue Relevanz. Und so muss die „Welt" in Anführungsstrichen stehen, denn „Weltliches" und „Geistliches" sind in Wahrheit nicht geschieden. Gottes Wort ist menschliches Wort für menschliche Menschen.

Wunderbar drastisch ist das ausgedrückt an einem der elementaren Ereignisse christlichen Glaubens:

Brot und Wein. Gott
zum Fressen gern.
Blut und Fleisch. Gott
zum Reinbeißen.

Eine Zumutung! Eine Ermutigung! Die Ermutigung, neugierig zu sein und in meiner Wirklichkeit, in meinem Da-Sein und So-Sein und Teil-Sein Gott und sein Wort (neu) zu entdecken. Gerade das Befremdliche in diesen Gedichten – und gute Gedichte befremden immer! – bringt mich auf die Spur.

Achtung! Alle Achtung!

Andreas Andrej Peters Gedichte sind beachtlich, weil sie aufmerksam machen und helfen, Aufmerksamkeit einzuüben. Das ist – in gutem Sinne – gefährlich, denn es bewegt und bringt in Fahrt, es ermöglicht sprachliche Erfahrungen mit dem Gefährten Gott, der nicht einfach mit Wort und Tradition zu verrechnen ist, der für mehr als eine Überraschung gut ist.

Darauf verwiesen wird derjenige, der sich darauf einlässt, schon durch den Titel des Buches: „rum & ähre". Diese Wendung ist nicht nur ein naheliegendes, wohlfeiles Sprachspiel, denn entgegen der wohlsituierten Gemütskühle im Umgang mit Gottes Wort, mit der Schrift gereicht es in Wahrheit zum Ruhm, vom Wort, von Gott durchdrungen, also trunken zu sein – wie David bei der Rückholung der Bundeslade (und wie ist er nicht gescholten worden) oder die Jünger und Jüngerinnen am Pfingsttage, die sich nicht schämten, von Gott trunken zu sein (wie von Rum, den's dort freilich nicht gab, aber Gottes Geist ist ja Rauschgetränk genug!). In der

Trunkenheit, zum Tanze bittend, im (Sprach-Spiel) verloren und versteckt – so macht Gott sich Raum. Eben der, von dem her und zu dem hin wir leben, der Grund und Quelle unseres Daseins ist; dem wir (wie berauscht) die Ehre geben, weil er uns die Ähre gibt – das, was es zum Leben braucht. Was es gewiss braucht, ist, dass er menschliche Worte für uns hat – und uns menschlich zu Worte kommen lässt.

Andreas Andrej Peters wagt es: zu lauschen, zu antworten, Gott beim Wort zu nehmen und selbst Worte zu geben.

Alle Achtung!

Und jetzt lesen Sie diese Gedichte vielleicht doch!

Thomas Weiß, Autor und Pfarrer, Baden-Baden

RUHM, WEM RUHM GEBÜHRT
EHRE, WEM EHRE GEBÜHRT

PROTESTANT

Also stemme ich mich gegen den Deckel
Hans Magnus Enzensberger

Ich stemme mich gegen den Sargdeckel,
Ich bin für die Nottür, das Tor der alten Mauer.
Ich stemme mich gegen die Handvoll Erde,
Ich bin für das Angesicht gen Himmel.
Ich stemme mich gegen alle Verwesungsgerüche,
Ich bin für die Auferstehung des Weizenkorns.
Der eine stemmt sich gegen die Nägel mit Köpfen,
Und dem Tod ist kein Reich mehr geblieben.

OSTERN IN RUSSLAND

Leningrad. Peter der Große
dreht sich im Grabe um.
Codex Leningradensis*. Lenin
dreht sich im Mausoleum um.
Wolgograd. Stalin bittet den
Schrein verlassen zu dürfen.
Woskressensk**. Resurrectio
Jesu Christi von den Toten.
Istra. Der Fluss in Zentralrussland
flutet die leere Gruft zum
mäandrierenden Flussbett.

*Aus dem Jahr 1008 in der Russischen Nationalbibliothek in Sankt Petersburg (früher Leningrad) ist die älteste bekannte vollständige Handschrift der hebräischen Bibel in der Originalsprache.

**russ. Auferstehung von den Toten. Stadt, heute Isrtra, nach dem gleichnamigen Fluss umbenannt.

GOTT,

du kannst mich doch nicht
immer auf die Folter spannen
und im Dunkeln lassen
aufs Rad flechten gar in die
Speichen fallen lassen
mich schmoren und
zappeln lassen auf
heißen Kohlen sitzend
in Atem halten –
du kannst, sonst
hätte ich kein zweites Leben.

DIE WACHOLDERWACHEN STEHEN AUF VERLORENEM POSTEN (Reiner Kunze)

Er hing am kreuz verloren,
verlassen, die 30 silberlinge
standen hoch im kurs.
wusste er, welche stunde
ihm geschlagen hatte, wir
wissens, es war die neunte.
Begraben am ersten tag, am
zweiten tag, am dritten. der
maulwurfshügel warf einen
anderen horizont unter den
gleichen himmel. die wachen
unter wacholder standen auf
verlorenem posten bei waffe.

DOCH SCHON DER KIESEL NIMMT DIE WÄRME AN DER HAND (Reiner Kunze)

I
Dann wirf endlich den Stein,
Auf dass deine Faust sich öffne.
Der Stein verlor dazwischen die
Wärme der Hand.

II
Dann wirf den ersten Stein,
du ohne Sünde!
Er betete einen Steinwurf
entfernt, getroffen.

OSSIP

Mandelstam schrieb ein
Gedicht in drei Monaten.
Wovon lebte er diese Zeit,
Marina? Vom Gedicht.

GOTT WOHNT, WO MAN IHN EINLÄSST

(Martin Buber)

Der Himmel ist sein Thron
Der Schnürsenkel dir zu Fuß

Er haut mich vom Schemel
Ich trete ihm auf die Füße

Er hilft mir auf die Sprünge
Und aufs Dach steigen ab-

Geseilt von den vier Winden
Inmitten eines Hauses, darin

Er auch inzwischen wohnt

ANGEBER

Wir haben einen längeren arm
wir haben einen längeren atem
wir sitzen am längeren hebel
jaschka*, baptist, kommt vom
judo & liest im evangelium:
sein arm ist nicht zu kurz um eine
elle, der atem macht keine pause
& er kommt spätestens früh genug
uke wird an seinem linken arm
nach oben gestreckt & unterhalb
seines schwerpunkts mit toris
hüfte ausgehebelt & nach vorne
geworfen: sode-tsuri komi-goshi**

*hebr. Jakob
**judobegriffe

POST

aus der DDR eingetroffen, der Brief-
Kasten konnte die Klappe nicht halten.
(trotzdem glaubte KGB nicht an die
hübsche Geschichte). Es roch nach
Kaffee, nicht nur nach Tchai & Kwas.
Im Kaffeebeutel eine Bibel versenkt in
russischer Sprache wie das große
Känguru das kleine Känguru gebeutelt.
Es roch nach Australien, DDR, nach
der Kaffeebibel, es mangelte an nichts,
höchstens als Zugabe ein Gedicht von
Reiner Kunze: *Ein tag der die finsternis
lichtet*

DISTANZEN

Ein ellenbogen zwischen
mensch und mensch, der immer
noch mutmaßt seiner lebenslänge
eine elle zuzusetzen

Ein flügelschlag zwischen
vogel und vogel, der nicht wagt
den schnabel aufzureißen mit
den wurmenden

DER 63 MILLIARDÄR

jeden groschen 3 x umgedreht
kein wunder dass es einem
schwindlig wird vor so viel
umkreisungen seiner selbst

ZWEI GEDICHTE, DIE NICHTS MITEINANDER ZU TUN HABEN

I

Die sonne braucht eine
nacht
um zu sich zu
kommen

II

Die axt legt das ohr an die
wurzel und denkt: wenn die
so durstig ist, darf sie nicht
angelascht noch gerodet werden

NACH DEM LETZTEN KAMPF

In der faust macht sich die finsternis breit
die boxerhandschuhe haben den längeren arm
und decken die kommilitonen, wenn
die sterne aufgehn, geht einer zu boden
dann werden sie angezählt vom unparteiischen
die fans bäumen sich auf, fechten das urteil an
die sommerblüher sind am auslichten und aufasten

ANTENNE HABEN WOFÜR

Die antennen auf den dächern
glichen kreuzen, holten strom vom himmel,
zeigten über sich hinauf hinter das
sichtbare, abgegriffene blau.

hier hängen schüsseln an den dächern,
wänden, vorprogrammiert auf mord &
totschlag, lebenssat 3 verhältnisse,
leider nicht, nierenschallenübel.

AUSREDEN

alle hände voll zu tun
ich habe 2, diese ruh'n

alle füße rennen sehn
ich habe 2, sie bleiben stehn

alle herzen schlagen sich
ich habe 1s, und das bin ich

IN DER AMBULANZ

Du streckst mir die hand zum
gruß, die durchbohrte hand.
dir zur hand geht der faden, die
op-nadel durch das öhr. nach

strich und faden wächst die naht.
die 2 sich kreuzenden fädeln ein.
der rote faden ging verloren &
fand zur nadel im heuhaufen.

BEVOR DER HAHN KRÄHT WIRST DU MICH 3 X VERLEUGNEN

Oktjabrenokweihe, ein
sternchen heftet an der brust mit
lenins bildnis. die hand links wo
herz ist, die mutter soll keinen verdacht schöpfen.

pionier mit dem roten halstuch,
stranguliert vom wurflasso
des staates. laut prawda, kein
kindersoldat, che, gar luther als revoluzzer.

komsomolez der jungen garde.
molochen für mammon &
moloch. söhne & töchter durchs
feuer gehen lassen vor dem mausoleum.

AM HOCHSTAUFEN, BEI FREILASSING

Für Rafik Schami und Damaszener Freunde

Aus dem fenster die schneegrenze
am verschieben, keine ahnung
vom schengener abkommen. das biwak
als besitzstand machte einem freiheit
und sicherheit weis. kein blaulicht in
sicht, dunstschild mit einem sternenkranz.
keine passkontrollen und stichproben,
nur atemkristalle zwischen den fingern.

Laut wetterbericht klettert die grenze
heute nacht auf so und so viele meter.
kein stau von kilometern, auch nicht zäh.
nur der helikopter als senkrechtstarter birgt
die gefahr eine lawine loszutreten beim
bergen der unbelehrbaren. die tore von
damaskus standen in dem wintermonat noch
offen und man trug die eulen nach athen.

DIE BIBEL

querlesen mit einem
balken vorm
gesicht
oder kreuzlesen mit
einem splitter im
auge,
metanoia!

DER

Zyklop warf das auge auf die
zyklopin und hatte keins mehr
die zyklopin schaute mit beiden
augen den blinden vor liebe an &
sagte: lieber einäugig landen im
himmel als unter 2 augen im
hades, lieber kyklope.

DAS i-TÜPFELCHEN ALS

Tropfen bringt das fass zum
kochen der buchstabensuppe
ein chromosom mehr erinnert an den
schöpfer dreieinig auf der jakobsleiter

kein jota vergeht, bis das alles
geschehen soll, was in der bibel
geschrieben steht und nicht fällt
als i-tüpfelchen unter den !

EINES TAGES STIRBT AUCH DER FRIEDHOF (Reiner Kunze)

Und dann stirbt auch das meer, die
trunkenen werden ihm langsam zu viel
daraufhin stirbt auch der hades, den
gebetteten wird die decke zu kurz

zu guter letzt stirbt der tod ohne

lizenz für einen friedhof für friedhöfe
ohne das meer für die gekenterten, ohne
das totenreich für die schlaftrunkenen,
ins rollen kommt der stein ohne die

hand unter dem flügel. eines tages
stirbt auch der friedhof, keine flagge
auf halbmond gehisst

tod, wo sind deine seuchen,
scheol, wo bleibt dein sporn?

EISHOCKEY

Aufs eis gelegt der puck
eine runde sache, sagte er
entging dem netz gleich lachs
der schläger hatte nichts zu lachsen

das eis ist mein element
ein konter gegen den strom, der
torwart griff hinter sich, ließ
den puck über laichgründe gehen

BERG HOREB

Wenn du betest,
dann geh in dein Kämmerlein,
dein Dunkelkämmerlein
und entwickle das Bild,
das Gott sich von dir gemacht hat.
Lothar Zenetti

Und moses trat ins wolkendunkel, wo gott wohnt. zurück in seinem kämmerlein zog er die decke über kopf und entwickelte das bild, das gott sich von ihm gemacht hat. Und dann noch diese stimme im ohr, das einem embryo glich mit einem chromosom mehr.

HAVARIE

für David

Cocktail über das handy geschüttet
& aus wars mit der herrlichkeit,
nichts geht mehr. die reiskörner
ziehen die cocktails raus-rein mit ihren
unsichtbaren strohhalmen, rüsseln.
checken alle mails, die die welt retten
wollten, hochgeladene fotos der
nackedeikinder runter. entlastet von
den altlasten meldet sich das handy.
entrümpelt vom ballast des
öffentlichen prangers, des fliegenden
präsentiertellers, liegt das handy dir
zu füßen & zu ohren, menschenkind!

TRÖSTER

Und gott wird abwischen alle
tränen von ihren augen & den
saharasand wegpusten von ihrem augapfel.
tränen im himmel trocknen,
tränen gleich linsen im etui
versteckt. tränen im
himmel geweint, so was möglich?
tränen der freude & der entzückung
wird er abwischen für die kommenden
freuden an den quellen des lebendigen
wassers, wird er aufhängen zum trocknen zwischen den
zedern vom libanon & der russischen birke.

WO IST HEI MAT?

hei mat ist,
wo ich geboren
schach mat,
wo ich gestorben

DER

Auerochs drückt seinen stempel
auf ehrfurchen langziehend, das
amtliche zeichen der rüstungsindustrie

leviathan lässt tarsisschiffe nieder
hauchen gleich blister, abblitzen
der fregatten unter falscher beflaggung

die koryphäen der nacht versiegeln
ihre sarkophage, der exodus findet
trockenen fußes statt durch schilf&mehr

in der schule des tyrannus predigt
paulus von dem gekreuzigten, die titan
herzen werden vom scanner schattenentlarvt

das lamm bricht die siegel alle 7
der offenbarung, lüftet das geheimnis
des schwarzen wermuts, gogs & magogs

lässt armageddon als einen revierkampf
aussehen im schulhof. versiegelung des
notfallkoffers bis zum nächsten mundkuss

auf der 2 meile von pontius zu pilatus
versiegelt mit dem heiligen geist als
unterpfand. der glaube ist das tägliche brot

heute, die liebe – tag & nachtausgleiche

EUCHARISTIE

Ich backe kleinere brötchen,
du brichst den laib meinetwegen.
12 körbe krumen, brosamen,
auf dass nichts verloren gehe.

Ich koche die buchstabensuppe
auch nur mit wasser. du vergießt
dein blut zur vergebung der sünden.
weinlesen zuhause beim abba.

UMARME

den regen gleich einem triefenfall
bevor er auf dem asphalt aufschlägt

(heute den namen asphaltflüsterer
zum ersten mal gehört). schiebe den

vorhang zur seite, befreie den blick ins
innere. gib ihm etwas körperwärme

mit bevor er dem schifferdach den
buckel runterrutscht aufgefangen von

der dachrinne die am tropf zu hängen
scheint wie ich an der wortwärme &

am durchdringlichen konglomeratgestein.

HISTORY

Du bewahrst die tochter zion
wie deinen augapfel. bewahre den
verlorenen sohn wie das fettauge in
der buchstabensuppe von
„A“ bis „Ω“, das
undankbare i-tüpfelchen, jota.

IM GARTEN GETHSEMANE

ritzte irgendeiner der touris
einen buchstaben, zwei in den
baum der später gefällt wurde
zum kreuz: J+E=A
(jeschua+ekklesia=agape)

VIERLINGE

In jena droht abschiebung in alle vier
himmelsrichtungen wie den winden, die
kein anrecht auf asyl haben, denn sie wissen
nicht woher sie kommen und wohin sie gehen.

kein sicheres herkunftsland ist vor ihnen
sicher. bei der taufe tauchen die vierlinge
unter. die vier winde tauchen auf aus allen
himmelsrichtungen wie die paten von woher.

DIE

waschmaschine als paarvermittlerin
lässt zwei weingläser in der vitrine
aneinanderklingen. reißt die wäsche vom
leib, feinwäsche, kochwäsche. beim
schleudergang wird alles gehörig
durcheinandergewirbelt. die gläser drohen
zu zerbrechen wie die uhren 5 vor 12.
anschließend beruhigt sich die situation,
ganz schön plattgebügelt ohne knitter-
schutz. die gläser, nackt wie sie sind, lassens
ausklingen. abends nippen die eheleute
daraus den lambrusco, keiner erzittert vorm
andern, geschweige denn droht zu zerspringen.

DAS 1000-JÄHRIGE REICH

Der russe bricht die lanze auf dem maidan
der ukrainer bricht die lanze für den separatisten
(meinetwegen eine kalaschnikow auf der krim)
der armenier bricht die lanze für den asseri
der asseri bricht die lanze für den aus bergkarabach
der türke bricht die lanze für den kurden, der
peschmerga bricht die lanze auf dem berg ararat
(oder vor den toren palmyras)
der israeli bricht die lanze für den palästinenser
der aus dem gazastreifen bricht sie an der klagemauer
oder auf dem berg zion zu jerusalem: adonaj shalom
schmiedet die lanzen zu sicheln, kalaschnikows zu
pflugscharen & alle verlernen den krieg, alle.

PFINGSTEN

fällt dieses jahr ins wasser
wie ostern letztes jahr. hier
ist wasser, was hindert
mich sich taufen zu lassen?
der himmel reißt auf, eine
stimme spricht vom geliebten
sohn. die taube lässt sich
auf das haupt nieder, dann
brütets auf dem wasser über
das zu ostern abzuliefernde
zinsei.

BUNGEESPRINGEN

der regenbogenkinder. im hohen
bogen. victorias freie fälle. vor so viel
vorsprung des lichts & donnerrauchs
verspringt das herz auf zehenspitzen.

der glaube ahnt den bogen bevor ein
tropfenpfeil den wolkenköcher verlässt.
lianenspringer von pentecost in vanuatu
schwingt in lebensgefahr zum umkehr-

punkt. ossip, kein kind von traurigeltern
& manna ist kein schnee von gestern.
der mandelzweig schlägt aus & das
gedicht von mandelstam schlägt 2x zu.

nur josef, ein kind des regenbogens darf
bekennen: nach mir die sintflut! auch
sem & ham & jafet, diese drei & noah
mit dem glauben mehr als logbuch.

bungeejumping des iriskindes. victorias
freier fall. sie schlägt das kreuz gleich
brücke, wurzel & das schnippchen; der
augen aufschlag – ein ass.

WEIN & BROT

Genesis 40

Der königliche mundschenk verging sich am most, der oberbäcker an der ähre. sagen wir mal, am tropfen & am korn. es schmeckte halt verdächtig. sie schauten böse drein vor missmut & galle. es träumte beiden. ein weinstock mit drei ranken, es war, als rankten darauf knospen. die blüten wuchsen & schon reiften rote beeren an den trauben. in den becher pharaos drückte er die beeren wie im kelter ohne zu probieren als ein mundschenk. drei ranken sind drei tage. nach diesen tagen die vorladung: du reichst dem pharao den becher & denkst an mich, den deuter deiner träume, den verbannten. der bäcker träumt von körben voller feingebäck auf seinem kopf, die königliche tafel. da kommen himmelsvögel & fressen aus dem korb auf deinem kopf. drei körbe sind drei tage. drei tage noch, da ladet dich der pharao zum mahl & hängt dich an den baum. ägyptens geier fressen dann dein fleisch. der mundschenk darf den becher reichen. der bäcker geht gleich sauerteig über den rand & bleibet hängen.

DER NACHTFALTER,

diese motte, wer, was, wie, keine
ahnung, schwirrt vorm licht der
nachttischlampe & vor meinem
antlitz. beim versuch sie zu erwischen
klatsche ich in die hände, applaus,
applaus, unwillkürlich. das nervt
außerordentlich. die motte amüsiert
sich prächtig, so viel standing ovationen
kriegt sie draußen vorm taglicht nicht,
dieses widderchen, dieser spanner.

RUM, WEM RUHM GEBÜHRT
ÄHRE, WEM EHRE GEBÜHRT

HERRGOTTSSAKRAMENT

Eucharistie. Es ist zum
Evangelisch werden vor
dieser katholischen Kirche.
Abendmahl. Es ist zum
Katholisch werden von
dieser evangelischen Kirche.
Brot und Wein. Gott
zum Fressen gern.
Blut und Fleisch. Gott
zum Reinbeißen.

VORSCHLAG

Faltet die Hände anstatt zu klatschen,
Gott ist gegenwärtig, Gott ist mittendrin.
Kriegst du von rechts mal eine Ohrfeige,
So halte die linke Backe hin.

Faltet die Hände anstatt zu applaudieren,
Gott wohnt überall, Gott wohnt in Berlin.
Windet von links die Widerrede mal eisig,
So halte die rechte Wange hin.

Faltet die Hände statt Beifall zu spenden,
Gott ist herzzerreißend, Gott ist kein Gewinn.
Öffnet die Fäuste, es liegt auf der Hand ein
Nagel mit Köpfchen; kreuziget ihn.

VERBANNUNGEN

Die kahlgeschlagene wand als
verlichtete grundfläche gibt
sich keine waldblöße. die
verbannung des kreuzes aus
dem klassenzimmer. einen
baum erkennt man nicht am
laub, sondern an knospen,
sagt herr förster, der pädagoge,
sie schießen früchte, sie stellen
keinen an die wand. nur die
wahrheit gibt sich blöße vorm
loswurf um das gewand, sagt
die zunge zu den berührungs-
ängsten der geschmacksknospen.

NEUGIERDE

Ich fragte das Neue Testament:
Wie geht es dir mit dem Evangelium,
der frohen Botschaft, was Neues?
Nee, sagte das NT, alles beim Alten.
Testament.

STILLUNG

Im Sternerestaurant isst man Sterne,
samt dem Sternekoch. Im Halbmond-
Döner hat schon jemand abgebissen.
Auf
jeden
Fall: Guten Appetit!

GEDICHT

I
Biblia. Kein Wort zu viel, kein
Wort zu wenig. Verbale
Auseinandersetzung. Das haut
mich samt der Kanzel um &
zieht mir die Socken aus.
Barfuß im Herzen. So muss
man Gedichte schreiben.

II
Löwe von Juda, du
bist so frei, du hörst
auf keinen Namen.

Lamm Gottes, du
legst dich auf die Schlacht-
bank ohne zu meckern.

WIEDERHOLUNGEN

2x nach der haustür greifen,
ob sie auch verschlossen ist.
2x nach dem herd schauen,
ob die 0 ins auge springt.
3x tischgebet sprechen, um
gelassen zu gehen mit dem
täglichen brot auf dem tisch.
ähre, wem ähre gebührt &
rum, wer sich nichts schuldet.

URIM & TUMMIM

Du kleidest dich in licht.
auf den leib geschnitten
die lichtenden abseits der menora.

abendmahl. vom laib
geschnitten die brosamen
unterm tisch, die schlichtenden.

UND ES GESCHAH

Jeschua murmelte „abba“,
sein erstes wörtchen. josef
lächelte in sich hinein. maria
korrigierte ihn nicht einmal.

jeschua sagte „mama“. maria
lachte auf. josef war einen
augenblick eifersüchtig auf
den vaterschaftsurlaub.

SAGEN WIR

Nicht den
Hauch einer Chance hatte
der Staub an den Sandalen
die machten sich aus den Partikelchen

Nicht den
Hauch einer Chance hatte
die Spreu von der Tenne
das Korn hielt sich fest am Strohhalm

Beim Sterben
hinterlassen wir Staub
für den Hauch einer Chance
von Mund zu Mund, zur Nase

GELESEN

Im buch des lebens
erdichtete er eines jeden
einziges leben. da kaufte er
auf dem markt eitel haschen &
wind & weidete auf den fluren &
rändern gleich notizen und notaten.

DER MENSCH LEBT NICHT VOM BROT ALLEIN

Beim Mittagessen die Bibel zur Rechten.
Prawda zur Linken. Beim Sattwerden
fehlte die Kante. Waren's Eselsohren oder
die abgebissene Kontur der Heiligen Schrift
als Manna in Zeitung gewickelt.

"JUDENGASSE"

läuft mir entgegen
berichtet von Glasscheiben
nicht eingeschlagen von
Türen nicht ins Haus gefallen
noch ins Schweigen
die Gasse läuft mir entgegen wie
die hebräische Bibel von rechts nach
links von hinten nach vorn am
Trottoir entlang bis zum Jota
des Anstoßes am Kantenstein

PLÖTZLICH

reißt dir der frost das kleid
vom leib. der regen würde dich
waschen von unreinen gedanken.
Das kann das blut des einen, der dich so
schuf, dass du dich nicht schämen brauchst.

KARFREITAG

Du reichst die Hand
zwei schlagen ein
Einer von der Seite der
andere von der Seite

EIN GEDICHT

auf gedeih & verderb
gott gibt das gedeih
der verderb das
gedicht

GING, GEHT, GEGANGEN

Er ging auf Joseph zu
setzte einen Fuß neben
den anderen, kein Flügel

Er stieg auf das Wolken-
gerüst umgeben von Nebel
wie beim Rockkonzert

Er ging auf den Wipfeln
die Baccabäume neigten
ihm die Kronen zu Füßen

Er ging auf dem Wasser
wie wir gehen setzte er
einen Fuß vor den anderen

ALTE HEIMAT

Russische Kirche, Zwiebeltürme
treiben Tränen in die Augen. Ich
schließe sie. Moskau glaubt nicht
an so was. Mit Gold nicht aufzuwiegen
die Zwiebeln auf dem Sankt Petersburger Bazar.

BESCHNEIDEN DER APFELBÄUME IM WINTER

Ein Skelett blamiert sich bis
auf die Knochen. Ein Baum?
Beschneidung des Baumes bis

ein Mann durch die Krone geht
mit einem Korb. Dornen fürs
Haupt. Früchte im Korb. Kein

Knochen wurde ihm gebrochen.

VERSTEHEN SIE GOTT?

Kein auge zugemacht durchwacht die
nacht im sinnieren an den hüter israels
der da schläft noch schlummert nicht

Russische babuschka auf den ruinen
der kirche niederkniend: bosche* soll
sich niederlegen, ich wache bis zum

Hahnenschrei bevor er 3x plärrt, nein
plädiert für kephas, ischariot, die zwillinge.

*Im Gebet auf Russisch: Gott

TAGEBUCH

Unaufgeregt vergeht der Tag
kein Zweig erzittert vorm Wort
keine Flocke erschüttert den Himmel
ich ruhe sanft im Frieden unter
den Lebenden. Gott hat auch
nichts Größeres mit mir vor.

WINTEREINBRUCH

Was führt der Winter im Schilde
Schneegestöber
Verwehungen
Flockengeläut im
Triumphzug der Arena
Dreht den Spieß um

der
tod
hat
nicht das
letzte
wort
am
kreuz
zum
schädel

WAS SCHÄDELSTÄTTEN LEHREN

das
wort
vom
kreuz
hat
das
letzte
wort
zum
schädel

IN DER SCHULE

Väterchen Lenin gleich
Väterchen Frost allgegenwärtig
wie die Frosterde als Ersatz für die Väter
und Großväter im Gulag verschollen.
Nur das Nachzeichnen von Lenins Bildnis
wäre nicht gut, so Anna Nikolajewna, sonst
entfernen wir uns auf der Umlaufbahn noch mehr
vom Original.

ZÄH

Aus dem haus treten, schlange stehen. brot
und milch kaufen wollen. geduldsfaden
nicht abreißen lassen. nadel im heu finden.
durchs nadelöhr gehen. mausoleum statt
magazin – ende der schlange. brot und
milch ausverkauft. für 30 kopeken. es ging
auch nicht mehr um die wurst. babuschkas
bekreuzigen sich, alle drei. „lenin“ versucht
der junge zu buchstabieren den inhaber
des schreins. brieftaube platziert zwei
pünktchen auf dem „e“. breschnews epoche,
wissen alle. hungrig nach hause gehen.
anruf daheim aus der deutschen-demokratischen
republik. irgendwo zwischen karl-marx-
stadt und engelsdorf staut es sich auch,
so der onkel. man hört am ohr schmatzen.
das telefonende schlürfen. „stutenmilch“,
sagt er, „fast wie wodka, von den freunden
aus der mongolei.“ die haben kein mausoleum
errichtet für dschingis khan. przewalski-
pferde – ein zuverlässiger getränkeladen.
morgens um 5.00 uhr früh aus dem haus
treten. schlange beschwören auf mongolisch.
babuschka *nadeschda* verliert kein wort
mehr. heute nacht hat sie´s gefunden.

ÜBERNACHTUNG IN DER FABRIK

Für Reiner Kunze

Wie lag ich da verloren
im büro auf dem tisch
(wie einer im politbüro).
Doch lieber ungeborgen,
als über mir
ein ebenbild von karl marx.

SCHULE

Kinder, wir üben Zeitstufen:
Lenin lebte,

Lenin lebt,
Lenin wird immer leben.

Aleschka, Baptist, beugt sich zu mir:
Opa sagt, Lenin ist an Syphilis verstorben.

Wir laut:
Lenin lebte.

BITTE

Gott, lass einen taubstummen
übrig der da weiß was es heißt:

vergebens ums wort zu ringen
wie zwei dichter die da ringen

im griechisch-römischen stil
um leben & tod, vergil & epikur

& verletzen sich an der hüfte

FÜR OSCAR

Blutrot der erdboden ruandas
die vergangenheit rhodesiens

schneeweiß soll sie werden die
zukunft sambias. der präsident

ruft das christliche land aus. in
der bibel meines freundes

aus afrika kein wort für
schnee, ein buchstabieren

aller begriffe, die in frage
kommen: weiß, nein, regenzeit,

ja,
ja,

weißer regen, nshima*, pap**.
Gott lässt dich im weißen regen

stehen, oscar, wie den mount
kili*** unter der schneehaube.

*nshima, maisbrei im südöstlichen afrika
**pap, mealie pap: maisbrei in südafrika und namibia
***kilimandscharo

(K)EINE SCHREIBBLOCKADE

Die Bibel von der Hand
abgeschrieben mit der Tinte

Gott nie abgeschrieben mit
seinem Blut den Menschen

ATOMDEAL, HISTORISCH

Jüngst im Teheraner Flughafen wurde die
Dichterin Hila Sedighi verhaftet und
im Käfig zum Gefängnis gefahren.

Jeweils 100 Peitschenhiebe für
die Lyrikerinnen Fatemeh Ekhtesari
und Mehdi Moosavi, auf frischer
Wort-Tat ertappt. 100

Peitschenhiebe weniger einen.

10 Peitschenhiebe für die
Zentrifugen zurückgeschraubt

und ein Jahr Haft. 20 Hiebe für
den ausgebauten Nuklearkern
des Schwerwasserreaktors +
zwei Jahre Haft. 30 Geißelhiebe für

die Brennkammern mit Beton
ausgefüllt + drei Jahre. 40 für
niedrig angereichertes Iran zu
Brennstäben degradiert von Moskau.

Weniger einen für die Sanktionen
außer Kraft aus Barmherzigkeit.
Für AUA. Siemens-Konzern
und Goldgräberstimmung.

PS: Dann der Gefangenenaustausch
für Spionage, nicht für die Dichterinnen.

WIEGE

Mir wurde nicht in die
wiege gelegt die heimat,
eher die verbannung in
den ural. kein gedicht
von heine, sondern das
von mandelstam. keine
„prawda" wurde mir
vorgelesen, sondern ein
blatt aus der bibel vom
samisdat. keine schuh-
rede gehalten von nikita
chruschtschow, nur die berg
predigt vom „pik lenina".
man hat mir den mund
nicht stopfen können
mit wodka noch selbst-
gebrannten samogon,
sondern mit kuss, einem
kuss, dann stutenmilch
als aperitif. ein gedicht
fuhr mir über die lippen,
danach blutete das herz.
paar brosamen und ein
gebet in platt gaben ihr
bestes zur nacht. wera,
nadeschda, ljubow, meine
drei schwestern, kicherten
auf einem ofenbett vorm
einschlafen. sie fanden
das leben noch heiter. ich
träumte fragil: was wird
mir wohl beim aufwachen
dann in die gruft gelegt?

ZEICHEN

Mit dem tattoo an der stirn
ging kain jenseits von eden,
damit keiner ihn töte.
So biete die stirn allen
aggressoren, den schädel
mit dem 6. gebot: toxic nicht!

BEI UMARMUNG BEKLAUT,
BEIM KUSS VERRATEN

I

ischariot hing an jenen
lippen. dann küsste er
diese. die legten sich wie
ein lasso um seinen hals.
das herz barst ent2.

II

breschnew küsst honecker.
schröder umarmt putin.
judas küsst jesus. jesus
küsst judas. wer ist hier
wohl persona non grata
bzw. persona gratissima?

RUM, WEM RUM GEBÜHRT
ÄHRE, WEM ÄHRE GEBÜHRT

WUNDERSAM

österreich grenzt an,
österreich grenzt an
deutschland, ja, nein,
an ein wunder und
deutschland grenzt an,
deutschland grenzt an
ein wunder, ja, nein,
an österreich und
österreich grenzt an,
österreich grenzt an
italien, ja, nein, an
zwei wunder und
italien grenzt an,
italien grenzt auch
an ein wunder und
an deutschland, nein,
ja, an österreich und
österreich stößt an
seine grenzen, aua!

WOLKEN
r
a
t
z
e
py**r**amiden
zikkurats
turmzubabel
shanghaiworldfinancialcenter
taipeh 101
oneworldtradecenter
image
kratzer
meccaroyalclocktowerhotel
shanghaitower
burjkhalifadubaj
die
wolken
r
a
t
z
t
es
nicht
imago
d
e
i-(tüpfelchen)

LASS DIE SONNE

nicht über deinem zorn untergehn.
über herzsklerose & bittre wurzel &
narkose. sonst muss sie wieder über
wut & groll, verknöcherung & nekrose
aufgehn. lass den mond nicht über hass
sicheln, unversöhnung & klatschmohn.
sonst geht er wieder unter. lass die sonne
über vergebung untergehn, umarmung &
zungenkuss. der vollmond ziert sich noch
& zeigt die eine backe, dann die andre.

EICHE

ausladende äste der eiche, drei
mann umarmung. dickicht &
sträucher gehen in die knie vor
der majestätischen. ein mann
umhalst das kreuz. einladende
äste des baumes, 2ge des verfluchten,
2ge des gekreuzigten. ruach raunt
darüber. die eiche legt die krone
am fuße der majestät nieder.

FOTOGEN

früher hieß es: bitte lächeln vor onkel, tanten. vermummten fotografen. heute todernst auf dem passfoto. mit einem lächeln im reisepass kannst nicht die grenze passieren, neue landschaften erkunden mit dem lächeln. todernst schaust drein, die passkontrolle lässt passieren, sie will dich so schnell wie´s geht loswerden. ein lächeln würde sie anhalten, zeit verzögern und vielleicht sympathie, geschweige denn liebe auf den 1. blick stiften. bitte lächle nicht, sonst muss der urlaub storniert werden und du musst auf dem balkonien den sogenannten sonnenuntergang registrieren & mit beiden händen die lachmuskeln massieren vor krampf.

WAS MIR HEILIG IST, SAGT DIE NACKT-SCHNECKE MOSES VOR DEM DORNBUSCH

ich ziehe den hut
lös die schnürsenkel
bin von den socken
& aus dem häuschen

ERZIEHUNG

wenn bäume klein sind
gibt er ihnen wurzeln
wenn sie groß werden
setzt er die krone auf

wenn vögel klein sind
gibt er ihnen ein nest
wenn sie groß werden
lässt er die fittiche wachsen

wenn spinnen klein sind
seilt er sie mit karabinern
ab werden sie groß, malt
er ein kreuz auf den rücken

wenn kinder klein sind
gib ihnen wurzeln wenn
sie groß sind, lass sie
schweben in lebensgefahr

VERBRECHEN

der täter begeht in der tat ein attentat,
das phantombild wird angefertigt, der
lohn beträgt 3000 goldene zur herbstlese.

die wörter begehen am tatwort einen mord.
im verbrecher verlag, (den gibt's tatwörtlich),
kann man es für 30 silberlinge nachlesen.

AUFGABE

male das evangelium vor
den augen der blinden

predige das evangelium
vor den ohren der tauben

meißle das evangelium vor
den händen der gelähmten

werfe das evangelium nicht
vor die hunde & säue

JUDAS

küsse in der ehe. judas küsst
die ikone. küsse der hostie. judas
küsse des erdreichs als 1 vornüber
stürzte, mitten ent2geborsten, sodass
seine eingeweide hervorquollen …

HIMMELSCHREIEND

schreit was zum himmel
da stinkt was zum himmel
was schreit da zum himmel
was stinkt da zum himmel, die
sünde um sünde. was fällt
da vom himmel, vom himmel,
das feuer, die zungen, ein mund-
raub & rufmord, sodom &
camorra, auschwitz & dachau,
babi jar & srebrenica, die silberne.

HAST DU KEINE ANGST, AUF DEINEN BÜCHERN SITZEN ZU BLEIBEN?

ich sitze auf den büchern.
ich steh auf bücher. ich
laufe auf den büchern. ich
schlafe mit den büchern.
ich träume von büchern.
manche bücher hauen mich
um, dann sitze ich zwischen
den stühlen,
falle aber nicht, dazwischen
türmen sich
bücher
bücher
bücher
bücher
bücher
bücher

KRIEG ZWISCHEN RUSSLAND & UKRAINE

zahnumzahnum
zahnumzahnum
zahnumzahnum
zahnumzahnum
zahnumzahnum
zahnumzahnum
zahnumzahnum
zahnumzahnum
zahnumzahnum
zahnumzahnum
zahnumzahnum
zahnumzahnum
zahnumzahnum
zahnumzahnum
zahnumzahnum
zahnumzahnum
augeumaugeum
augeumaugeum
& daistheulen &
zähneknirschen

FÜR SOLSCHENIZYN

demonstration. wir
sind das volk. wir
sind legion. nach dem
evangelium – dämonen.
dämonstration. da fahren
die säue in den abaddon.

IM BUSCH WIE IM PARADISE

1 missionar sieht den löwen auf
sich zukommen. fällt auf die knie &
wirft mit bibelversen um sich gleich davids
schleuder: du teufel gehst einher, du brüllender
löwe & suchst, wen du verschlingen kannst. ich
widerstehe dir fest im glauben. Herr, stopfe ihm das
maul nicht mit mir, dem löwenanteil von dir. sag doch

endlich amen, brüllt der löwe, sieht
den missionar sich rückwärts bewegen,
augen schließen. ist entsetzt über die litanei
des teufelskerls. schlägt die tatzen zusammen,
setzt sich auf seinen allerwertesten und raunt: „segne
vater diese speise, mir zur kraft und dir zum preise.
amen." „amen", sagt der missionar und winselt: „komm

herr jesus, sei unser gast und segne, was
du uns bescheret hast." der löwe retourniert:
„alle guten gaben, alles was wir haben, kommt,
o gott, von dir; wir danken dir dafür." legt die pfote
auf die schulter des missionars & beide üben den vers:
„jeder löwe hat seinen löwenanteil, jedes menschlein trinkt von
dir. hast auch unser nicht benachteiligt, lieber gott, hab dank dafür.

amen. halleluja."

2 GEDANKEN

im gedroschenen stroh das
weizenkorn gebettet. später
wird sich trennen weizen von
der spreu. sie waren einst
eins. alsbald wandert das
korn, sozusagen, durch den
strohhalm richtung wein wie
das dromedar durchs nadelöhr
ins himmelreich zum mahl des
abends vor der askese der nacht.

BARABBAS, VIELLEICHT

ich stehe
zu
meinem wort
da
neben

ich springe
zu
dir frau
bei
seite

ich sitze
auf
dem schuldberg
ganz
oben

du hängst
an
meiner stelle
am
kreuz

ich singe
dir
mein gott
bei
saite

mit furche
und
zither
schaffe das
heil

AM ENDE

bin ich nicht alt, lebenssatt
bin ich. sollte ich sterben?
ich sah kinder, noch keine
kindeskinder bis ins vierte
glied. lebensmüde bin ich
von der arbeit im schweiße
meines angesichts. lebenssatt
bin ich. ich habe das leben
gegessen gleich spaghetti
& primavera mit rucola &
russischem borschtsch. es hat
geschmeckt und noch wie.
als kulminationspunkt das
brot vom tisch des herrn &
das blut. bitter war es, mit
ferment vermengt, dem sauer-
teig. lebenssatt bedanke ich
mich beim chefkoch & personal
für das menü, mir empfohlen.

BERG PREDIGT INS TAL ANGESICHTS DES SCHIESSBEFEHLS AN DER GRENZE

es wurde den alten gesagt:
sünde ist ziel-
verfehlung.
(beim biathlon
dreht man strafrunden).

ich aber sage euch:
„du sollst nicht töten."
wenn es
heiß wird, schießt
das standardgewehr G36
übers ziel hinaus.
das ist keine sünde.

PUTIN DROHT TERRORISTEN

Mit völliger Vernichtung.
Und das in Wolgograd.
Sagen wir mal: Stalingrad.

Putin droht dem Tornister
Mit völliger Brotvernichtung.
Käse gebaggert in Wolga.
Berichtet Journalistin Olga.

Putin droht Separatisten
Mit völliger Landvernichtung.
Spucken Blut Weinstöcke
Vor ukrainischen Sturböcken.

Putin droht den Touristen
Mit völliger Visavernichtung.
Verkriecht sich in 4 Wänden,
Will dabei happy enden.

I

flüchtlinge sollen schwimmen lernen,
bevor sie sprache verstehen, sagt der
olympiaboss. gleichgewicht halten,
bevor sie das boot verlassen, denkt der
kapitän von der rettenden flotte. die
andere backe hinhalten, bevor sie vor
den andersgläubigen über bord gehen
auf dem wasser wie ein jesusphantom
oder unter wasser wie ein u-boot. wie
kommt man auf solche gedanken
angesichts der bilder in der abendschau
oder sieht man mit dem zweiten besser?

II

die angst ist ihnen ins
gesicht geschrieben. das
problem ist: wir können sie
nicht lesen. wir tippen auf
hieroglyphen und bitten um
entschuldigung. ist die tränen-
tinte denn so blass und die
eingeweide schreien zu leise?

NACHWORT

ANDREAS ANDREJ PETERS RUM & ÄHRE

„Ein ellenbogen zwischen mensch und mensch …"

Andreas Andrej Peters, Lyriker und Prosaiker, ist einer der begabtesten russlanddeutschen Schriftsteller. Als deutsch schreibender Autor ist er von der deutschen Kritik anerkannt, eine seltene Erscheinung in der russlanddeutschen Literatur.

Ein seltener Fall unter den russlanddeutschen Autoren: ein christlicher Autor. Peters ist auf der Suche nach einer modernen Sprache, mit der man mit dem gegenwärtigen Leser über Gott, Glaube, Bibel, Gut/Böse ins Gespräch kommen kann. Eins der Elemente dieser Sprache ist die Schwelle, die Grenze, ein anderes Element – der Spielraum, das Intervall zwischen verschiedenen Ebenen im Wahrnehmen eines Werkes.

Peters vermittelt dem Leser das Gefühl eines Weltbildes, in dem das Begreifen der schillernden Grenzkonturen, der Transivität und Liminalität von Bedeutung sind. Es entsteht eine gesonderte poetische Welt, in der die dichterische Freiheit – vage, christliche Thematik – entfesselt, die Kürze – unendlich, und die Bibel wie die goldenen Spangen der Iokaste im Auge des Ödipus auftauschen. Der Effekt der Liminalität ist bei Peters vielschichtig, ist verankert mit Mikrokontexten und zu gleicher Zeit entfaltet er seine Wirkung auf das ganze Gedicht.

Auf der dichterischen Ebene ist Peters ein Avantgardist, doch nicht expansiv. Sein freier tonischer Vers strebt bei aller Freiheit kaum zum vers libre, absichtlich erreicht er ihn nicht. Das Versmaß bei A. A. Peters schachtelt sich oft in gleiche, manchmal symmetrische Kompositionsteile des Gedichts, hier sind nicht nur Teile, sogar ganze Verszeilen gleich groß, was in der Syllabotonik selten vorkommt. Freie Kompositionssegmente kann man bei Peters fallweise als Strophen bezeichnen, sie sind dermaßen filigran, spiegeln sich selbst, sind in sich im Hinblick auf die Intonation und Syntax geschlossen.

DISTANZEN

Ein ellenbogen zwischen
mensch und mensch, der immer
noch mutmaßt seiner lebenslänge
eine elle zuzusetzen

Ein flügelschlag zwischen
vogel und vogel, der nicht wagt
den schnabel aufzureißen mit
den wurmenden

Die Lyrik und Prosa von Andreas Andrej Peters zeichnen sich durch Multidimensionalität und Kapazität aus. Das Experiment kann schon auf der Ebene der Grafik anfangen, so wird, zum Beispiel, die Gedichtüberschrift zur Botschaft:

GOTT,

du kannst mich doch nicht
immer auf die Folter spannen
und im Dunkeln lassen
aufs Rad flechten gar in die
Speichen fallen lassen
mich schmoren und

zappeln lassen auf
heißen Kohlen sitzend
in Atem halten –
du kannst, sonst
hätte ich kein zweites Leben.

Der Artikel wird zur Gedichtüberschrift:

DER

Zyklop warf das auge auf die
zyklopin und hatte keins mehr
die zyklopin schaute mit beiden
augen den blinden vor liebe an &
sagte: lieber einäugig landen im
himmel als unter 2 augen im
hades, lieber kyklope.

Ähnliche Arbeit mit Textrahmenelementen bricht die gewöhnliche Lesererwartung, zwingt zur Vertiefung der Vorstellung. Einer seiner beliebtesten Kunstgriffe, der die Optik erweitert, ist der Kalauer:

EISHOCKEY

Aufs eis gelegt der puck
eine runde sache, sagte er
entging dem netz gleich lachs
der schläger hatte nichts zu lachsen

Seine Metapher ist ein Juwel und gleichzeitig nachlässig, was zusätzliche Energiebewegung im Innern des Werks erzeugt: Der Leser sucht die Wurzeln der Metapher, den Grund dafür. Nicht selten kann man eine Art schillernde Wahrnehmung beobachten – das Werk als ästhetisches Objekt scheint sich in den Augen des Lesers zu verdoppeln. Zum Beispiel wird „Ostern in Russland" gleichzeitig als osterfestlich und als sarkastisch empfunden.

OSTERN IN RUSSLAND

Leningrad. Peter der Große
dreht sich im Grabe um.
Codex Leningradensis*. Lenin
dreht sich im Mausoleum um.
Wolgograd. Stalin bittet den
Schrein verlassen zu dürfen.
Woskressensk**. Resurrectio
Jesu Christi von den Toten.
Istra. Der Fluss in Zentralrussland
flutet die leere Gruft zum
mäandrierenden Flussbett.

Andreas Andrej Peters zeigt unaufdringlich, dass ein christlicher Dichter nicht unbedingt tief introvertiert sein muss, sondern aufmerksam, sowohl dem Weltlichen als auch der inneren Landschaft offen, und Gott ist immer nebenan. Seiner Metaphorik nach ist Peters nahe bei Jan Wagner, jedoch ist Peters' Lyrik bei all ihrem Detailreichtum viel abstrakter als die des Wagner.

Das Lesen der wunderbaren Prosa von Andreas Andrej Peters verschieben wir für später – wegen der Sättigung und Bedeutsamkeit sowohl der Lyrik als auch der Prosa. Ich biete dem Leser seine Gedichte.

Prof. Dr. phil. habil. Elena Seifert
Mitglied des Moskauer Schriftstellerverbandes

DER AUTOR

Andreas Andrej Peters, Lyriker, Erzähler, Kinderbuchautor und Liedermacher, geboren 1958 in Tscheljabinsk-Ural (UdSSR). 1977 Ausreise aus Kirgisien in die Bundesrepublik Deutschland. 1984-1995 Studium der Theologie, Philosophie und Krankenpflege in der Schweiz, Gießen und Frankfurt am Main. „Master of Divinity". Bis 2001 an der Universitätsklinik Gießen auf einer Leukämie-Intensivstation als Pfleger und Seelsorger tätig.

Zuletzt Pastor der Evangelischen Freikirche Bad Reichenhall/ Berchtesgaden und diplomierter Gesundheitspfleger in der Neurologischen Uniklinik Salzburg. 2016-2018 Pastor der Evangelischen Gemeinde Bötzingen.

Auszeichnungen: „Preis des Lebens" 2005 (internationaler deutschsprachiger Literaturpreis)

Sieger bei „reader´s round table" im Literaturhaus Salzburg 2009/2011/ 2014

Nominierung für den „Wiener Werkstattpreis" 2012 (Publikumspreis)

Lyrikpreis der Deutschen Autoren aus Russland, 2014

„Jurypreis Hochstadter Stier 2015"

Veröffentlichungen u.a. in „Impressum", „DAS GEDICHT", „Die Brücke", „erostepost", „KULT", respect" „Ort der Augen", „ferment"

Mitglied der Gesellschaft für zeitgenössische Lyrik e.V.

Mitglied Salzburger Autorengruppe (SAG)

www.andreaspeters.cabanova.com

INHALT

Fassadenflucht – Politische Dichtung der Gegenwart II

Hrsg. Franziska Röchter, September 2015

chiliverlag, ISBN 978-3-943292-32-9, 208 Seiten, EURO 9,90

Diese zweite Sammlung politischer Dichtung der Gegenwart knüpft an das Anliegen des Bandes I (Strohblumenstörung, chiliverlag 2015) an, Meinungen, Überzeugungen, Stimmungen zum aktuellen politischen Geschehen und zu gesellschaftlichen Realitäten der Gegenwart mit Blick auf Vergangenheit und Zukunft flächendeckend einzufangen. Namhafte und auch unbekanntere zeitgenössische Dichter aller Altersstufen aus Deutschland und Europa geben ihre engagierten poetischen und literarischen Statements zu gesellschaftlichen und politischen Zuständen.

87 Autorinnen und Autoren, u. a. Fritz Deppert, Ingo Cesaro, Ralf Burnicki, Michael Starcke, Raffaele Gatta, Manfred Pricha, Alex Dreppec, Michel Ackermann u. v. m.

wir wölfe – Gedichte
Eine poetische Hommage an unsere Tierwelt
Anthologie, Hrsg. Franziska Röchter, Juli 2016,
Mit Fotos von Heike Großmann und Christine Zeides
chiliverlag, ISBN 978-3-943292-45-9
148 Seiten, Euro 9,90

Annähernd 60 Autorinnen und Autoren, unter ihnen Michael Starcke, Peter Ettl, Esther Ackermann, Thomas Rackwitz, Sören Heim, dichten über die Vielfalt und den Artenreichtum unserer Tierwelt. Aus den Gedichten und den Fotos von Heike Großmann und Christine Zeides spricht eine große Wertschätzung gegenüber Tieren und ein Erkennen ihrer unglaublichen Einzigartigkeit sowie Bewunderung ihrer Schönheit. Mal humorvoll, zunehmend aber auch ernsthaft werden Besonderheiten einiger Tierarten und Wissenswertes poetisch beleuchtet und ihr Dasein in Relation zum Menschen bespiegelt. Mit Gedichten des Anfang 2016 verstorbenen Bochumer Lyrikers Michael Starcke.

Alex Dreppec, **Tanze mit Raketenschuhen – Dance with Rocket Shoes: Wissenschaftsgedichte – Science Slam Poetry**
chiliverlag, November 2016, ISBN 978-3-943292-50-3,
180 Seiten, 12,00 Euro

Die vorliegende Zusammenstellung von Gedichten, die sich mit wesentlichen Gebieten wissenschaftlicher Disziplinen beschäftigen, um diese durchaus humorvoll zu durchleuchten und zu hinterfragen, ist absolut einzigartig. / The present compilation of poetry, which is about essential fields of academic and scientific disciplines in order to examine and question them in a humorous way, is absolutely unique.

Teile der vorliegenden zweisprachigen Sammlung erschienen vorab in angesehenen Zeitschriften wie „Cincinnati Review", „Notre Dame Review" (USA), „Orbis" (UK) oder „Das Gedicht". www.dreppec.de / Parts of the present bilingual collection were previously printed in renowned journals like „Cincinnati Review", „Notre Dame Review" (USA), „Orbis" (UK) or „Das Gedicht" (Germany). www.dreppec.de